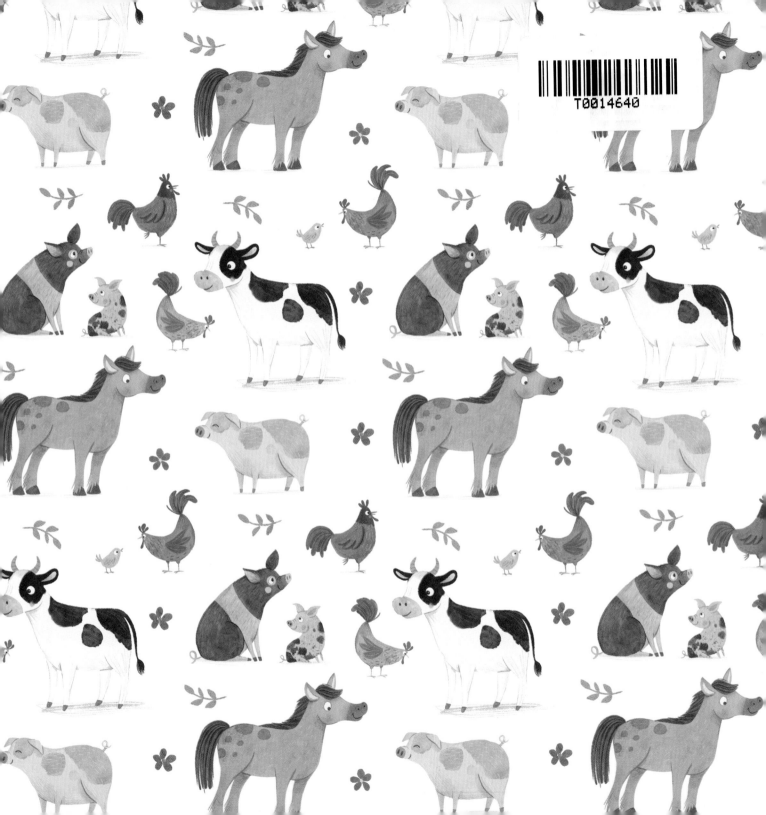

PAULA Y EL EXCESO DE TIEMPO EN LA PANTALLA

por Betsy Childs Howard
ilustrado por Samara Hardy

B&H
niños
Brentwood TN

Paula y el exceso de tiempo en la pantalla

B&H Publishing Group
Brentwood, TN 37027

Diseño de portada e ilustración : Samara Hardy

Director editorial: Giancarlo Montemayor
Editor de proyectos: Joel Rosario
Coordinadora de proyectos: Cristina O'Shee

Clasificación Decimal Dewey: C004.6

Clasifíquese: NIÑOS Y COMPUTADORAS/ NIÑOS E INTERNET /TECNOLOGÍA

ISBN: 978-1-0877-7116-8

Impreso en China
1 2 3 4 5 * 26 25 24 23

«Todo me es lícito, pero no todo conviene;

todo me es lícito, pero no todo edifica».

1 CORINTIOS 10:23

Sucedía siempre en la última semana de julio, la semana favorita del año para Paula. Desde que ella podía recordarlo, Paula pasaba la semana de su cumpleaños en la granja de sus abuelos.

Paula & Tata

Paula vivía en la ciudad, donde los niños no pueden salir a la calle sin un adulto. Su única mascota era un pez. Pero en la granja había veintiocho pollos, cinco cerdos, tres vacas y un caballo llamado Mostaza. Mejor aún, tenía primos allá. Ellos vivían en la granja, en la casa que estaba al lado de Yaya y Tata y, cuando iba para allá, Paula jugaba con ellos desde la mañana hasta la noche.

Mostaza

Lucía, Paula & Adrián

Paula estaba emocionada por ir a recolectar huevos con su Yaya, temprano antes del desayuno. No veía la hora de ayudar a su Tata a ordeñar las vacas y darles las sobras a los cerdos. Ella iba a montar a Mostaza hasta el campo de arándanos, donde iba a comer muchos arándanos hasta quedar muy llena. Luego iba a correr a la casa vecina para invitar a sus primos a jugar en el granero.

El primer día de la última semana de julio, la mamá de Paula entró a despertarla, pero Paula ya estaba cambiada y sentada en su cama recién tendida. Su maleta estaba hecha. Ella estaba lista para ir a la granja.

Cuando Paula y su mamá llegaron, Yaya y Tata corrieron a recibirla.
«¡Feliz cumpleaños, Paula!», le dijeron muy emocionados mientras le
daban muchos abrazos. «Tenemos una sorpresa para ti». Paula corrió
a la cocina donde encontró un pastel de chocolate y un regalo con
su nombre.

«Este regalo es de tu tía Pati», dijo Yaya. «Ella lo ha enviado porque sabía que vendrías a visitarnos». La tía Pati no tenía hijos y siempre enviaba los mejores regalos.

Yaya cortó un pedazo de pastel para Paula y su mamá, mientras Paula abría el regalo. Ella no podía creer lo que sus ojos veían. ¡La tía Pati le había comprado a Paula su propia *tablet*! Lo que ella siempre había querido.

Para: Paula
DE: Tía Pati

Antes de que la mamá de Paula regresara a la ciudad en el auto, le dio un abrazo a Paula y le dijo: «No pases mucho tiempo en la *tablet*. Solo tienes una semana en la granja y no vas a querer desperdiciar el tiempo en una pantalla».

Paula asintió a pesar de que no estaba prestando atención. Ella solo pensaba en todos los juegos que sus amigos le hablaban en la escuela y que ahora ella podría jugar en su nueva *tablet*.

Paula pasó el resto de su cumpleaños descargando juegos. Sus primos Adrián y Lucía fueron a visitarla para ver lo que hacía, pero no era muy interesante ver a alguien usando una *tablet*. Después de un rato se aburrieron y se fueron a casa.

Durante la cena, Paula usó su *tablet* para enseñarle a sus abuelos unos videos de caballos haciendo cosas divertidas. Mientras tanto, Mostaza estaba en el granero, pero Paula nunca pensó en salir a verlo.

Después de la cena, Tata le preguntó a Paula si quería ir a darle las sobras a los cerdos. Pero Paula estaba muy ocupada jugando en su *tablet* (un juego donde se tira tomates a los gatos), así que dijo: «No, gracias».

Esa noche, después de que Yaya la arropó en su cama, Paula prendió su *tablet* debajo de las sábanas y se quedó hasta muy tarde viendo unos dibujos de bizcochitos animados.

A la mañana siguiente, Yaya intentó despertarla para ir a recolectar huevos juntas, pero Paula bostezó y dijo: «Hazlo sin mí, Yaya».

Cansada de la noche anterior, apenas podía mantenerse despierta en el desayuno. Pero después, cuando encendió su *tablet*, ella de pronto se sintió muy despierta.

Paula apenas alzó los ojos de la pantalla cuando Adrián y Lucía llegaron a preguntarle si quería construir con ellos un castillo en el granero. «No gracias», dijo Paula. «Estoy construyendo un castillo en este juego tan divertido en mi *tablet*».

El resto del día, Paula jugó, miró y se rio mucho, pero todo lo hizo sola con su *tablet*. No salió de casa, ni ayudó en las actividades de la granja. Tampoco conversó con su Yaya o su Tata. Solo estuvo mirando su *tablet*.

Pero luego, a media tarde, la pantalla se puso negra.

Paula sabía qué hacer. Corrió a su habitación, encontró el cargador y lo conectó a su *tablet*.

Ver cómo se carga una *tablet* que no tiene batería, no es nada interesante. Así que dejó la habitación y salió de casa. Encontró a su Tata en el establo alimentando a Mostaza.

Al ver a Paula, Mostaza se animó enseguida y le acarició con su hocico el hombro. Ella tomó el cepillo y empezó a cepillar su pelaje.

«Hola corazoncito. Me alegra mucho que hayas salido de la casa», le dijo Tata a Paula. «Me entristecía que te perdieras la oportunidad de jugar con tus primos».

«La verdad es que me encanta mi *tablet*», dijo Paula. «No hay nada de malo en jugar con ella».

Tata pensó por un minuto. «No, no está mal, pero algunas veces, las cosas que son buenas, pueden hacer que nos perdamos de aquello que es aún mejor. Dios nos ha dado muchos regalos buenos, pero Él dice que solo podemos realmente disfrutarlos cuando estos no dominan nuestras vidas».

Tata le dio a Paula un terrón de azúcar para alimentar a Mostaza.

«A Mostaza le encanta el azúcar. Pero si solo comiera azúcar, no podría comer la comida que lo mantiene sano. A ti te encanta tu *tablet*, pero si juegas todo el día con ella, te perderás muchas otras cosas que son buenas para las niñas pequeñas, como ayudar en la granja y jugar con tus primos».

Paula no dijo nada, pero salió del establo y caminó hacia el otro lado del granero. Pensó que podría encontrar allí a sus primos, pero no los vio. Se sintió triste. Entonces, escuchó unas voces.

«¿Hola?», dijo en voz alta.

«Paula, ¿eres tú?», escuchó a su primo Adrián decir. «¡Aquí estamos!».

Paula descubrió un pequeño túnel entre los fardos de paja y entró gateando hasta encontrar a sus primos del otro lado.

«¡Bienvenida a nuestro escondite!».

El castillo de paja era como una habitación de cuatro paredes, aunque estaba hecha de fardos de paja. Adrián y Lucía estaban ocupados haciendo otro túnel secreto que los llevaría a otra habitación.

«Tata nos dio permiso», dijo Lucía.

BIENVENIDOS

PROHIBIDO PASAR

Paula pasó la siguiente hora construyendo el castillo junto a Adrián y Lucía. Ni siquiera se acordó de su *tablet* y antes de que se diera cuenta escuchó a su Yaya llamarla para la cena.

«Es mejor que vuelvas a casa», dijo Adrián. «¿Quieres ayudarnos mañana? ¿A primera hora después del desayuno?».

«¡Claro que sí!», dijo Paula.

Paula les contó a Yaya y a Tata sobre el castillo durante toda la cena. Tata le contó del castillo que construyó con fardos de paja junto a sus hermanos cuando era joven. A diferencia de Adrián y Lucía, Tata y sus hermanos no tenían permiso para hacerlo y ¡se metieron en un gran problema!

Después de la cena, Paula fue con su Tata a alimentar a los cerdos. «Tata», le dijo, «¿Tú crees que mi tía Pati se ponga triste si sabe que no usé mi *tablet* el resto de mi tiempo aquí? No quiero perderme de las cosas realmente divertidas por estar pegada a la pantalla».

«Creo que esa es una idea muy sabia, corazoncito», le dijo. «Estoy seguro de que la tía Pati quisiera que disfrutes de la granja. Cuando vuelvas a casa, tu mamá podrá ayudarte a encontrar la mejor forma de disfrutar tu *tablet* en un tiempo razonable sin pasar todo el día frente ella».

La *tablet* se quedó en la habitación de Paula el resto
de la semana, pero Paula no se quedó ahí. Ella pasó el resto
de la semana . . .

. . . cabalgando a Mostaza,

recolectando huevos,

recogiendo arándanos y jugando

con sus primos.

EL FIN

Nota para los adultos

LA TECNOLOGÍA ES UN REGALO DE DIOS. No necesitamos creer que la tecnología es mala para darnos cuenta de que puede alejarnos de las mejores cosas de la vida. Nuestros dispositivos tecnológicos colaboran con el aprendizaje, nos ayudan a mantenernos conectados con quienes más amamos y están lejos, y mantienen la cordura familiar durante un largo viaje por carretera.

Podemos reconocer estos beneficios y a la vez aceptar que el entretenimiento digital se disfruta mejor con moderación y dominio propio. Proverbios 25:28 dice: «Como ciudad derribada y sin muro es el hombre cuyo espíritu no tiene rienda». Necesitamos «muros» o límites que mantengan a la tecnología en su lugar correcto.

Lamentablemente, no es fácil aprender a ser moderado cuando se trata de la interacción con pantallas. Es improbable que los niños tengan la capacidad de auto limitarse con el uso de la tecnología o dejarla de golpe como lo hizo Paula; ellos necesitan padres y cuidadores que le pongan límites a su uso. Si bien pasarán muchos años antes que tu hijo tenga acceso ilimitado a la tecnología, ahora es el momento para empezar a dialogar sobre cómo mantenerla en el lugar que le corresponde. Incluso si los niños aún no tienen la madurez para establecer sus propios límites, con tu ayuda pueden empezar a ver el daño del uso excesivo y el beneficio de la moderación.

Conversa con tus hijos sobre la historia de Paula y hagan una lluvia de ideas sobre sus actividades favoritas que no involucren pantallas. Hagan una lista de actividades divertidas que no quisieran cambiar por tiempo en la pantalla. ¡Es posible que quieras poner en práctica lo que predicas haciendo esa lista para ti mismo!

Ideas para evitar el tiempo excesivo en la pantalla:

- Aparta un tiempo regular cada día donde los niños tengan permitido ver algo en la pantalla y mantén el resto del día libre de ella. Esto reduce estar en una negociación constante sobre cuándo y por cuánto tiempo los niños deben estar expuestos a las pantallas.

- Coloca un temporizador cuando estén jugando con la *tablet*. Cuando el temporizador suene, el dispositivo debe guardarse sin quejas o al niño se le prohibirá jugar la próxima vez.

- Reemplaza el exceso de tiempo en pantalla con audiolibros.

- Para fomentar el compromiso con los acuerdos establecidos sobre los límites, utilicen los dispositivos en espacios comunes y familiares en lugar de permitir que los niños se vayan a sus habitaciones con el celular o la *tablet*.